Impressum
Verlag: BABADADA GmbH, Nedderfeld 112 , 22529 Hamburg
Geschäftsführer / Verlagsleitung: Harald Hof
Druck: Books on Demand GmbH, In de Tarpen 42, 22848 Norderstedt

Imprint
Publisher: BABADADA GmbH, Nedderfeld 112 , 22529 Hamburg, Germany
Managing Director / Publishing direction: Harald Hof
Print: Books on Demand GmbH, In de Tarpen 42, 22848 Norderstedt

skola
colegio

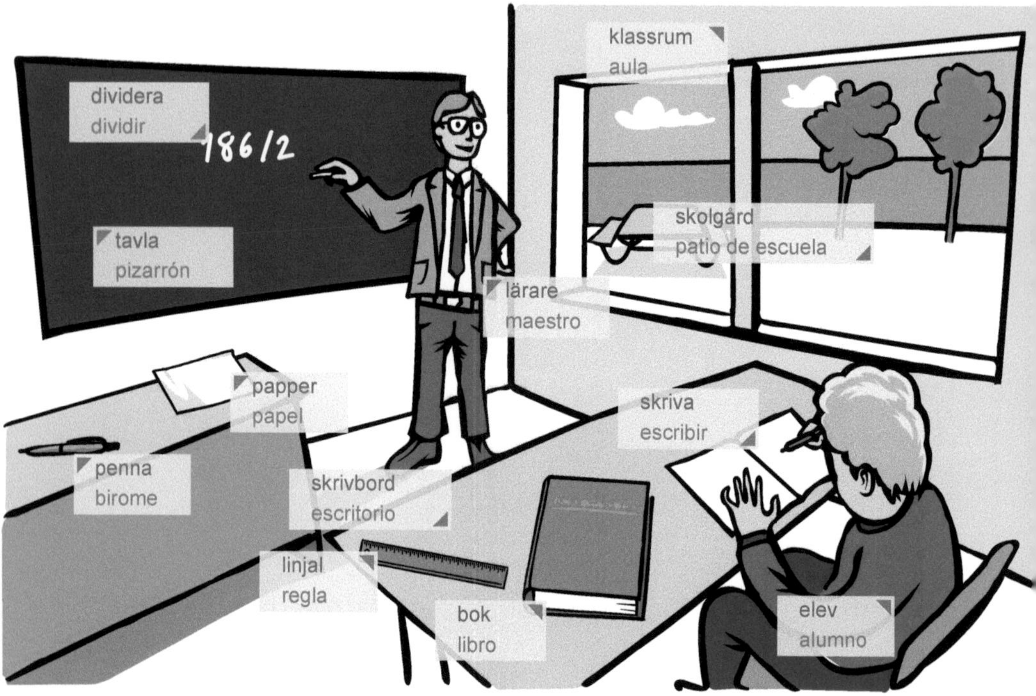
klassrum
aula
dividera
dividir
186/2
tavla
pizarrón
skolgård
patio de escuela
lärare
maestro
papper
papel
skriva
escribir
penna
birome
skrivbord
escritorio
linjal
regla
bok
libro
elev
alumno

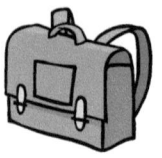

skolväska
mochila

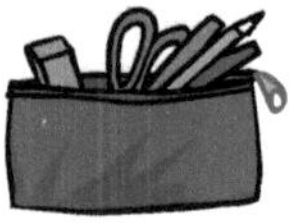

pennfodral
caja de lápices

blyertspenna
lápiz

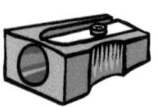

pennvässare
sacapuntas

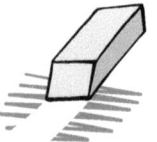

suddgummi
goma (de borrar)

ritblock
bloc de dibujo

teckning
dibujo

pensel
pincel

målarlåda
caja de pinturas

sax
tijera

lim
pegamento

övningsbok
cuaderno de ejercicios

hemläxa
tarea

tal
número

addera
sumar

subtrahera
restar

multiplicera
multiplicar

räkna
calcular

bokstav
letra

alfabet
abecedario

ord
palabra

text

texto

läsa

leer

krita

tiza

lektion

lección

register

cuaderno de clase

prov

examen

intyg

certificado

skoluniform

uniforme escolar

utbildning

educación

uppslagsverk

enciclopedia

universitet

universidad

mikroskop

microscopio

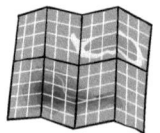

karta

mapa

papperskorg

tacho (de basura)

hotell
hotel

Grand

vandrarhem
hostel

ROOMS

växelkontor
casa de cambio

EXCHANGE

resväska
valija

bil
auto

språk

idioma

ja / nej

sí / no

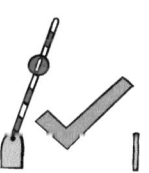

Okay

Está bien

hej

hola

översättare

traductor

Tack

Gracias

hur mycket kostar...?

¿cuánto cuesta...?

jag förstår inte

No entiendo

problem

problema

God kväll!

¡Buenas tardes!

God morgon!

¡Buenos días!

God natt!

¡Buenas noches!

hejdå

adiós

riktning

dirección

bagage

equipaje

väska

bolso

ryggsäck

mochila

gäst

invitado

rum

habitación

sovsäck

bolsa de dormir

tält

carpa

turistinformation	strand	kreditkort
información turística	playa	tarjeta de crédito

frukost	lunch	middag
desayuno	almuerzo	cena

biljett	hiss	frimärke
pasaje	ascensor	sello

gräns	tull	ambassad
frontera	aduana	embajada

visum	pass	
visa	pasaporte	

transport
transporte

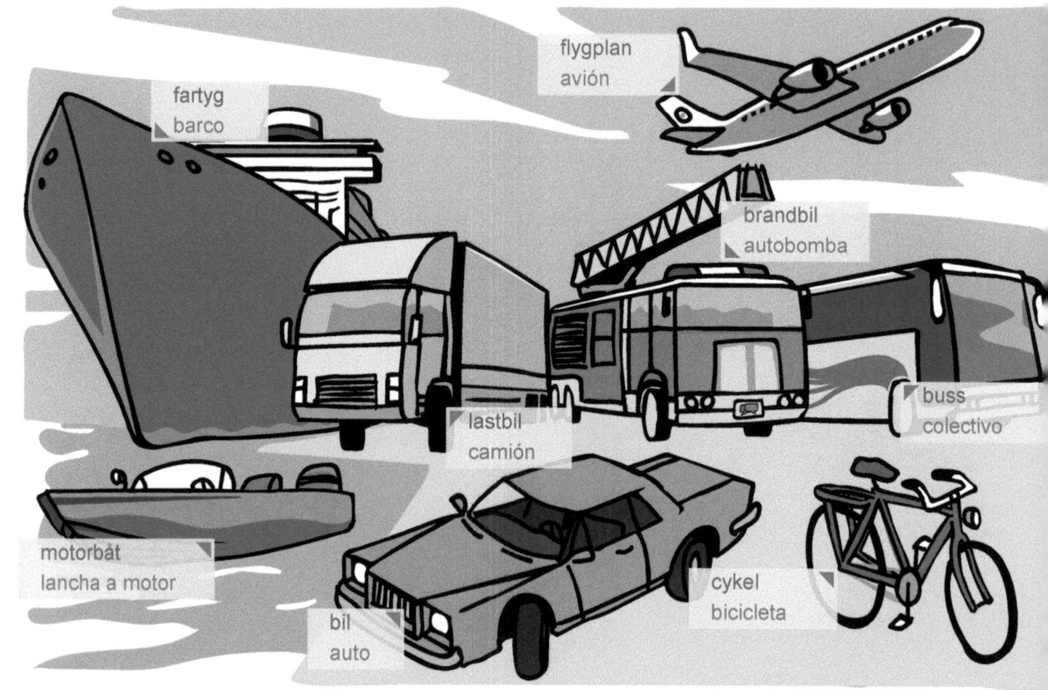
flygplan
avión
fartyg
barco
brandbil
autobomba
buss
colectivo
lastbil
camión
motorbåt
lancha a motor
bil
auto
cykel
bicicleta

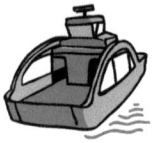

färja

ferry

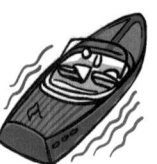

båt

bote

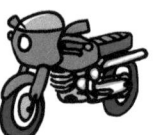

motorcykel

moto

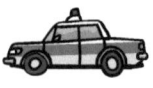

polisbil

patrullero

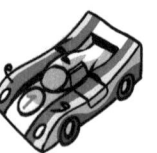

racerbil

auto de carreras

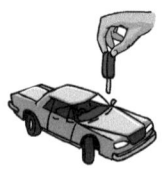

hyrbil

auto de alquiler

bilpool

alquiler de autos

bärgningsbil

grúa

sopbil

camión de basura

motor

motor

bränsle

nafta

bensinstation

estación de servicio

vägmärke

señal de tránsito

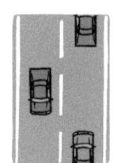

trafik

tránsito

bilkö

embotellamiento

parkeringsplats

estacionamiento

tågstation

estación de tren

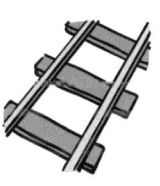

räls

vías

tåg

tren

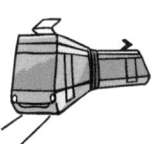

spårvagn

tranvía

vagn

vagón

helikopter

helicóptero

flygplats

aeropuerto

torn

torre

passagerare

pasajero

container

contenedor

kartong

caja de cartón

vagn

carretilla

korg

canasta

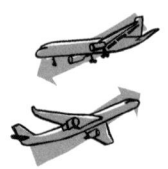

starta / landa

despegar / aterrizar

stad

ciudad

by

pueblo

centrum

centro de ciudad

hus

casa

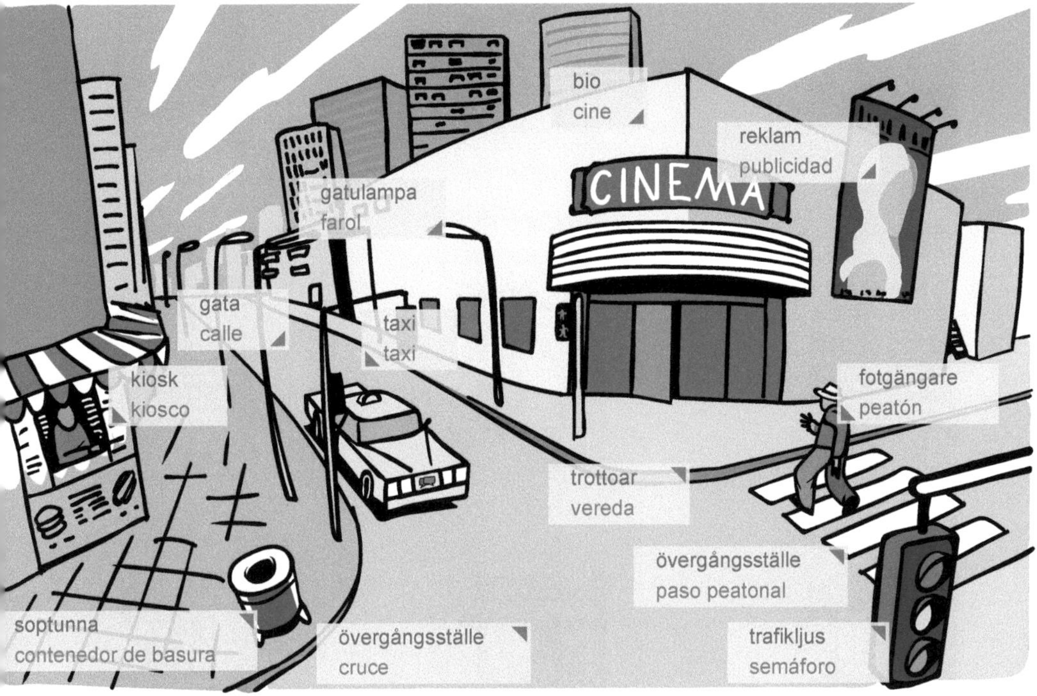

bio
cine

reklam
publicidad

gatulampa
farol

CINEMA

gata
calle

taxi
taxi

fotgängare
peatón

kiosk
kiosco

trottoar
vereda

övergångsställe
paso peatonal

soptunna
contenedor de basura

övergångsställe
cruce

trafikljus
semáforo

stuga

cabaña

lägenhet

departamento

tågstation

estación de tren

stadshus

municipalidad

museum

museo

skola

colegio

universitet

universidad

bank

banco

sjukhus

hospital

hotell

hotel

apotek

farmacia

kontor

oficina

bokhandel

librería

affär

negocio

blomsterbutik

florería

stormarknad

supermercado

marknad

mercado

varuhus

grandes tiendas

fiskhandlare

pescadería

köpcentrum

centro comercial

hamn

puerto

park

parque

bänk

banco

brygga

puente

trappa

escaleras

tunnelbana

subte

tunnel

túnel

busshållplats

parada del colectivo

bar

bar

restaurang

restaurante

brevlåda

buzón

gatuskylt

letrero

parkeringsautomat

parquímetro

zoo

zoológico

simbassäng

pileta

moské

mezquita

bondgård
granja

förorening
contaminación

kyrkogård
cementerio

kyrka
iglesia

lekplats
juegos infantiles

tempel
templo

landskap
paisaje

löv
hoja

vägskylt
poste indicador

väg
camino

äng
pradera

sten
piedra

träd
árbol

liftare
excursionista

flod
río

gräs
hierba

blomma
flor

dal

valle

kulle

montaña

sjö

lago

skog

bosque

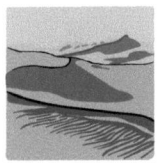

öken

desierto

vulkan

volcán

slott

castillo

regnbåge

arco iris

svamp

champiñón

palm

palmera

mygga

mosquito

fluga

mosca

myra

hormiga

bi

abeja

spindel

araña

skalbagge

escarabajo

groda

rana

ekorre

ardilla

igelkott

erizo

hare

liebre

uggla

lechuza

fågel

pájaro

svan

cisne

vildsvin

jabalí

rådjur

ciervo

älg

alce

damm

presa

vindkraftverk

aerogenerador

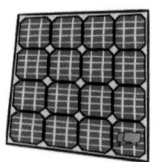

solcellspanel

panel solar

klimat

clima

restaurang
restaurante

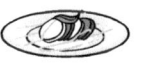

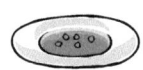

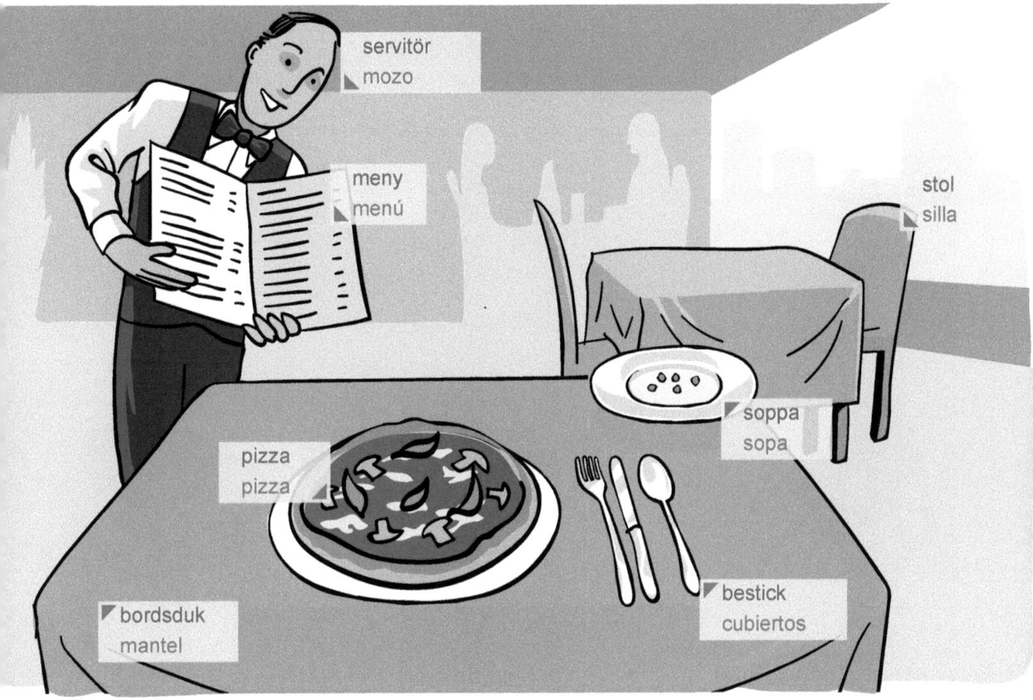
servitör
mozo
meny
menú
stol
silla
soppa
sopa
pizza
pizza
bestick
cubiertos
bordsduk
mantel

förrätt

entrada

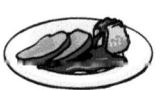

huvudrätt

plato principal

dessert

postre

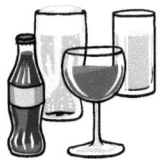

drycker

bebidas

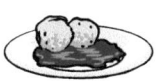

mat

comida

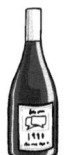

flaska

botella

snabbmat

comida rápida

street food

comida callejera

tekanna

tetera

sockerskål

azucarera

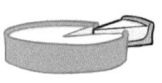

portion

porción

espressomaskin

cafetera expreso

barnstol

sillita alta

räkning

cuenta

bricka

bandeja

kniv

cuchillo

gaffel

tenedor

sked

cuchara

tesked

cucharita

servett

servilleta

glas

vaso

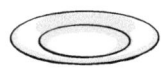

tallrik

plato

sopptallrik

plato hondo

tefat

plato

sås

salsa

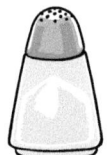

saltkar

salero

pepparkvarn

molinillo de pimienta

vinäger

vinagre

olja

aceite

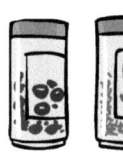

kryddor

especias

ketchup

kétchup

senap

mostaza

majonnäs

mayonesa

stormarknad
supermercado

specialerbjudande
oferta especial
FOR
kund
cliente
mejeriprodukter
lácteos
frukt
fruta
varukorg
changuito

BUTCHERS

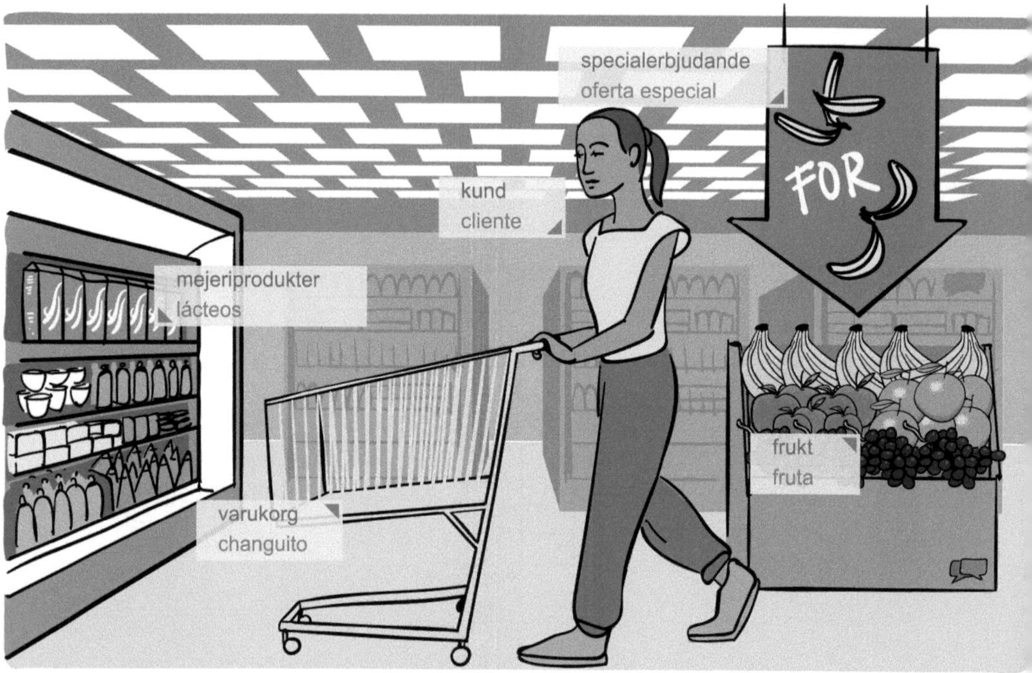

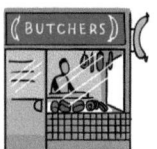

charkuteri

carnicería

BAKERY

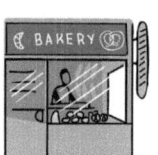

bageri

panadería

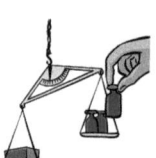

väga

pesar

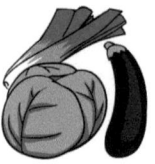

grönsaker

verduras

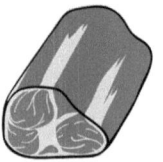

kött

carne

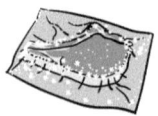

frysta livsmedel

alimentos congelados

pålägg

fiambres

konserver

alimentos enlatados

tvättmedel

detergente en polvo

godis

golosinas

hushållsprodukter

electrodomésticos

rengöringsmedel

productos de limpieza

försäljare

vendedora

kassa

caja

kassör

cajero

inköpslista

lista de compras

öppettider

horario de atención

plånbok

billetera

kreditkort

tarjeta de crédito

väska

cartera

plastpåse

bolsa de plástico

drycker
bebidas

vatten

agua

juice

jugo

mjölk

leche

cola

bebida cola

vin

vino

öl

cerveza

alkohol

alcohol

kakao

cacao

te

té

kaffe

café

espresso

café expreso

cappuccino

cappuccino

banan

banana

äpple

manzana

apelsin

naranja

melon

melón

citron

limón

morot

zanahoria

vitlök

ajo

bambu

bambú

lök

cebolla

svamp

champiñón

nötter

nueces

nudlar

fideos

spaghetti

tallarines

ris

arroz

sallad

ensalada

pommes frites

papas fritas

stekt potatis

papas fritas

pizza

pizza

hamburgare

hamburguesa

smörgås

sándwich

schnitzel

churrasco

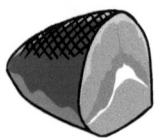

skinka

jamón

salami

salame

korv

salchicha

kyckling

pollo

stek

asado

fisk

pescado

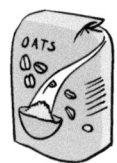

havregryn

copos de avena

müsli

muesli

cornflakes

copos de maíz

mjöl

harina

croissant

medialuna

fralla

pancito

bröd

pan

rostat bröd

tostada

kex

galletitas

smör

manteca

kvarg

cuajada

kaka

torta

ägg

huevo

stekt ägg

huevo frito

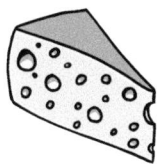

ost

queso

glass

helado

socker

azúcar

honung

miel

sylt

mermelada

nougatkräm

pasta de chocolate

curry

curry

mat - comida

bondgård
granja

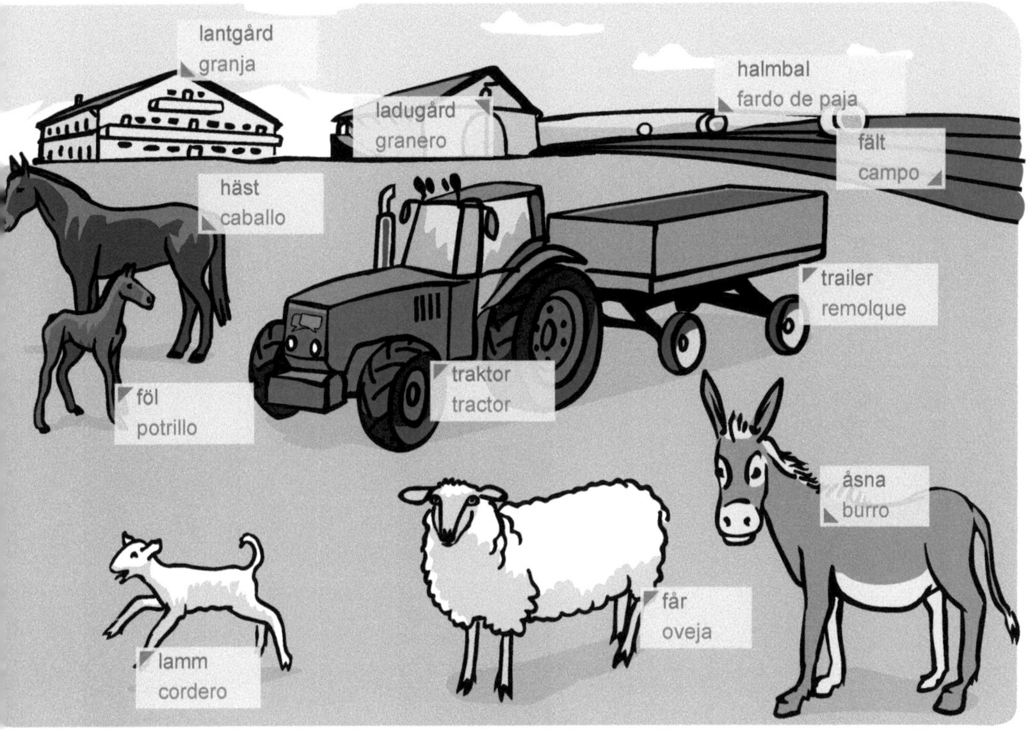
lantgård
granja
ladugård
granero
halmbal
fardo de paja
fält
campo
häst
caballo
trailer
remolque
traktor
tractor
föl
potrillo
åsna
burro
får
oveja
lamm
cordero

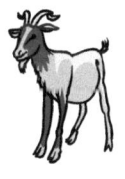

get

cabra

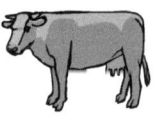

ko

vaca

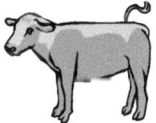

kalv

ternero

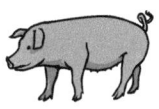

gris

cerdo

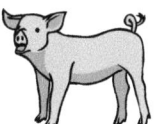

griskulting

lechón

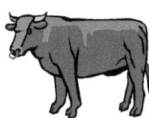

tjur

toro

gås

ganso

anka

pato

kyckling

pollo

höna

gallina

tupp

gallo

råtta

rata

katt

gato

mus

ratón

oxe

buey

hund

perro

hundkoja

cucha

trädgårdsslang

manguera

vattenkanna

regadera

lie

guadaña

plog

arado

skära
hoz

hacka
azada

högaffel
horquilla

yxa
hacha

skottkärra
carretilla

tråg
abrevadero

mjölkflaska
lechera

säck
bolsa

staket
reja

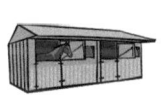

stall
establo

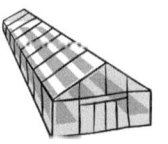

växthus
invernadero

jord
suelo

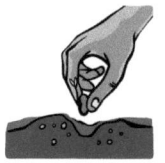

säd
semilla

gödsel
fertilizador

skördetröska
cosechadora

skörda

cosechar

skörd

cosecha

jams

batatas

vete

trigo

soja

soja

potatis

papa

majs

maíz

raps

semilla de colza

fruktträd

árbol frutal

maniok

mandioca

spannmål

cereales

hus
casa

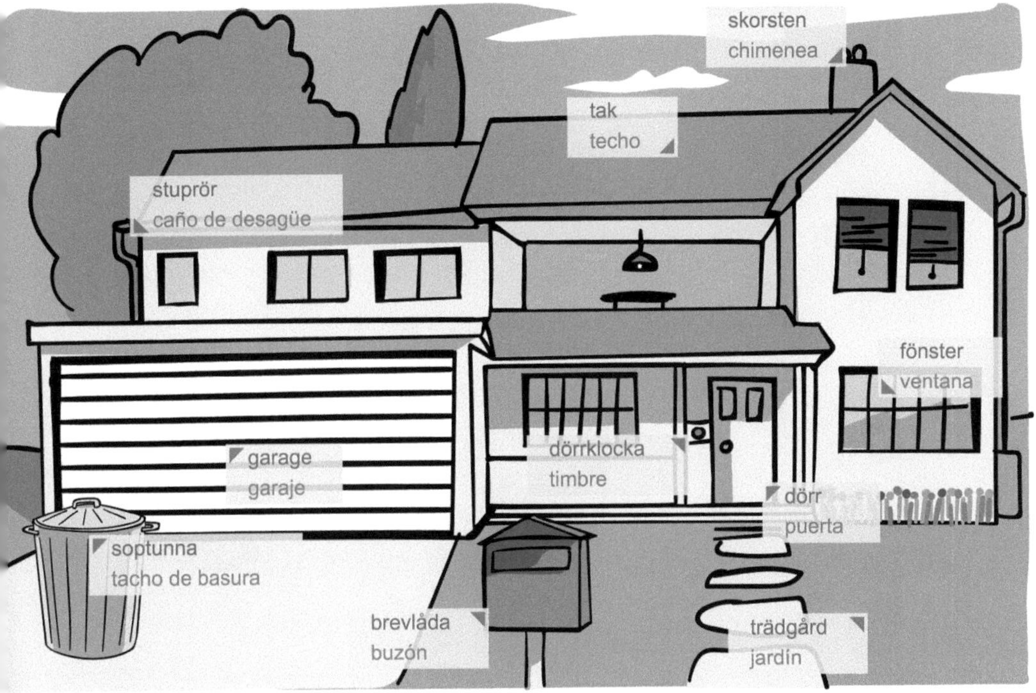
skorsten
chimenea
tak
techo
stupрör
caño de desagüe
fönster
ventana
garage
garaje
dörrklocka
timbre
dörr
puerta
soptunna
tacho de basura
brevlåda
buzón
trädgård
jardín

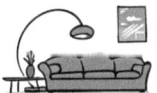

vardagsrum

living

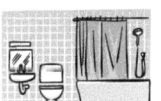

badrum

baño

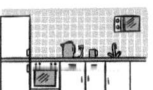

kök

cocina

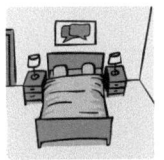

sovrum

dormitorio

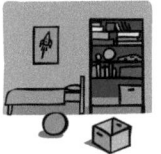

barnrum

cuarto de los chicos

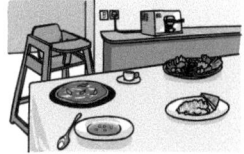

matsal

comedor

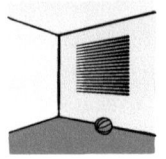

golv
piso

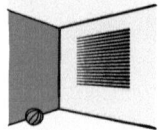

vägg
pared

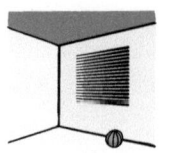

tak
cielorraso

källare
sótano

bastu
sauna

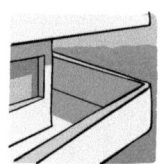

balkong
balcón

terrass
terraza

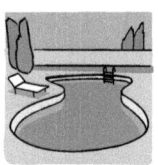

bassäng
pileta

gräsklippare
cortadora de pasto

lakan
sábana

överkast
acolchado

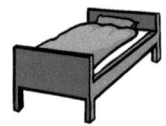

säng
cama

kvast
escoba

hink
balde

strömbrytare
interruptor

vardagsrum
living

tapet
empapelado
bild
imagen
lampa
lámpara
hylla
estante
skåp
armario
TV
televisión
eldstad
chimenea
blomma
flor
kudde
almohadón
soffa
sofá
vas
florero
fjärrkontroll
control remoto

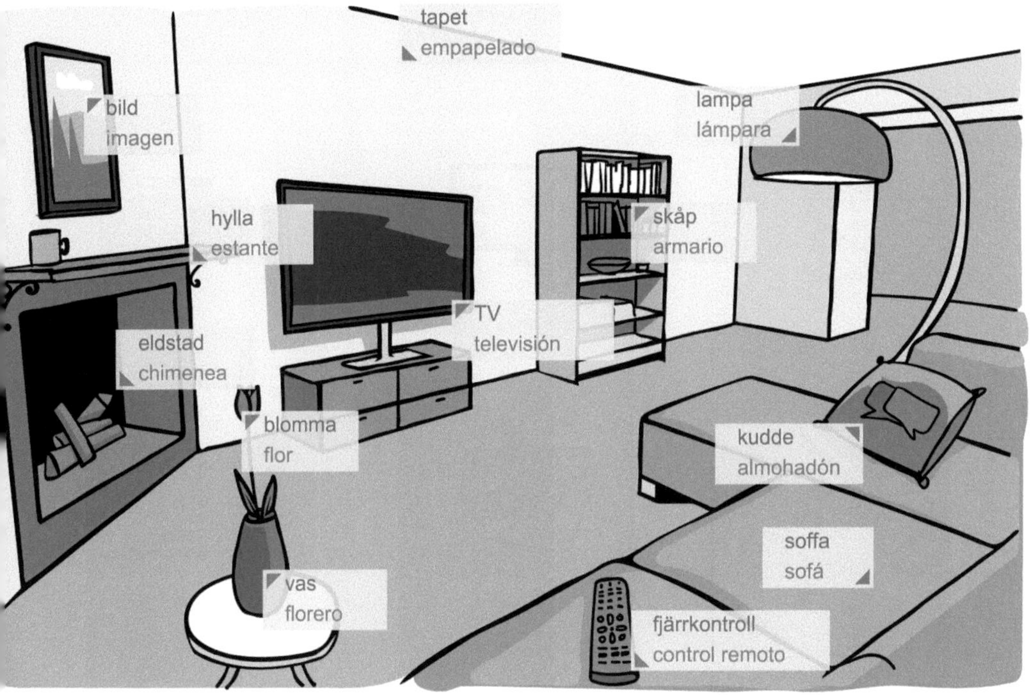

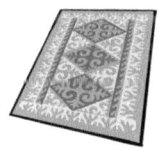

matta

alfombra

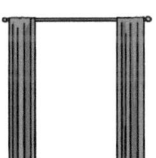

gardin

cortina

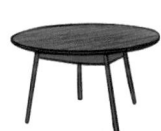

bord

mesa

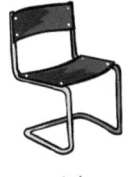

stol

silla

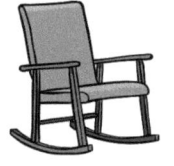

gungstol

mecedora

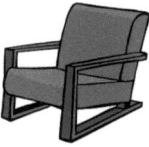

fåtölj

sillón

bok

libro

filt

frazada

dekoration

decoración

vedträ

leña

film

película

stereoanläggning

equipo de música

nyckel

llave

dagstidning

diario

målning

pintura

poster

póster

radio

radio

anteckningsbok

cuaderno

dammsugare

aspiradora

kaktus

cactus

stearinljus

vela

kök
cocina

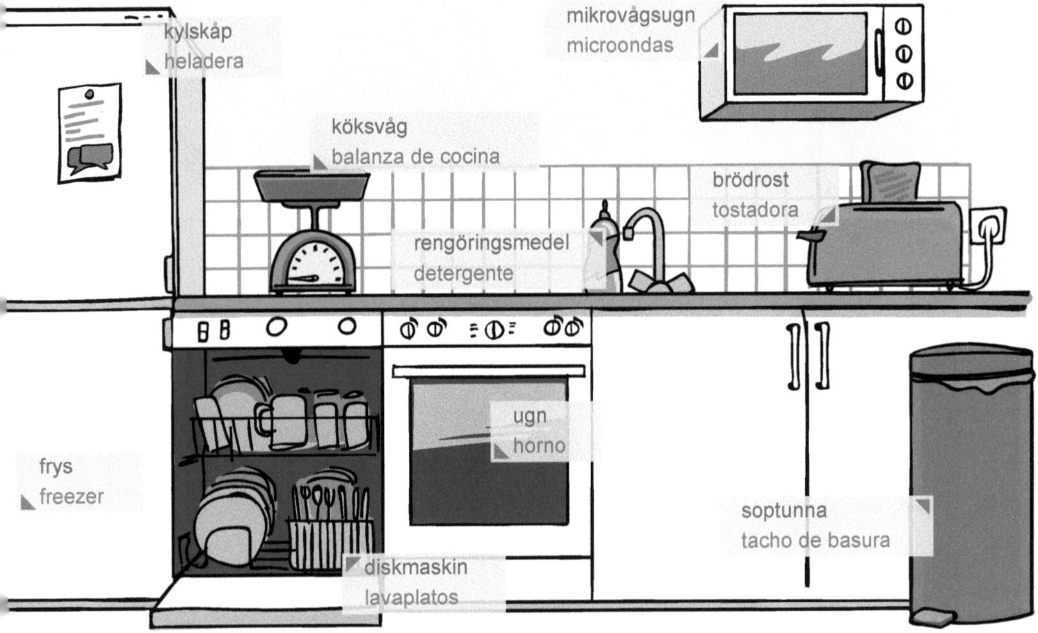

kylskåp
heladera
mikrovågsugn
microondas
köksvåg
balanza de cocina
brödrost
tostadora
rengöringsmedel
detergente
ugn
horno
frys
freezer
soptunna
tacho de basura
diskmaskin
lavaplatos

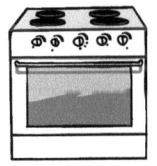

spis
cocina

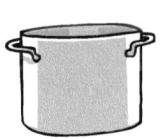

kastrull
olla

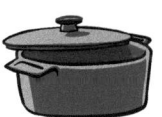

järngryta
olla de hierro fundido

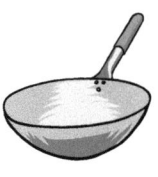

wok / kadai
wok

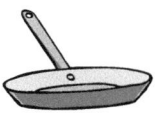

stekpanna
sartén

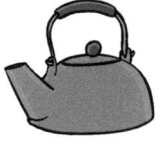

vattenkokare
pava

ångkokare

vaporera

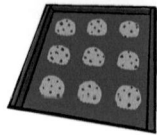

bakplåt

bandeja de horno

porslin

vajilla

mugg

taza

skål

bol

ätpinnar

palitos

soppslev

cucharón

stekspade

estpátula

visp

batidora

durkslag

colador

sil

colador

rivjärn

rallador

mortel

mortero

grill

parrilla

brasa

fogata

skärbräda

tabla de picar

kavel

palo de amasar

korkskruv

sacacorchos

burk

lata

burköppnare

abrelatas

grytlapp

manopla

vask

pileta

borste

cepillo

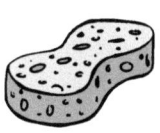

svamp

esponja

mixer

batidora

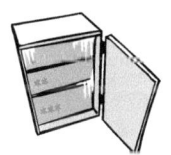

frys

congelador

nappflaska

mamadera

kran

canilla

kök - cocina

badrum

baño

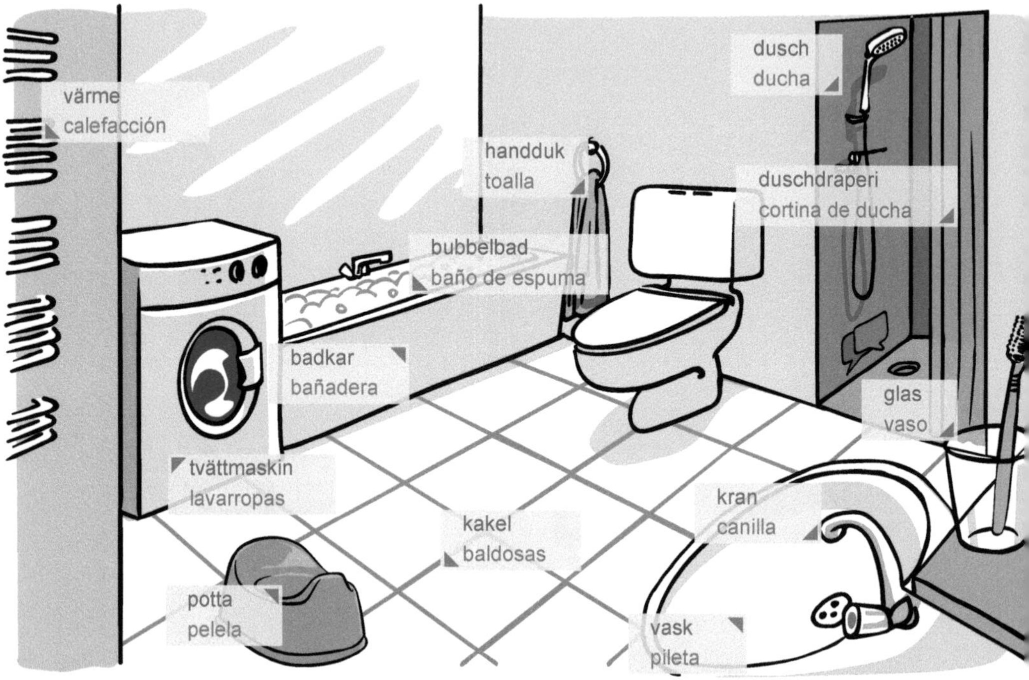

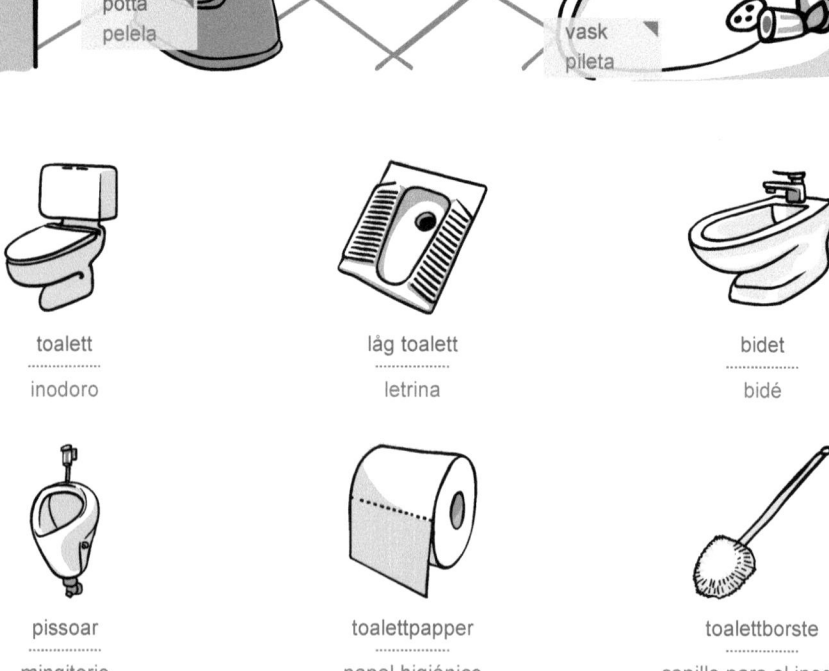

värme
calefacción
dusch
ducha
handduk
toalla
duschdraperi
cortina de ducha
bubbelbad
baño de espuma
badkar
bañadera
glas
vaso
tvättmaskin
lavarropas
kran
canilla
kakel
baldosas
potta
pelela
vask
pileta

toalett

inodoro

låg toalett

letrina

bidet

bidé

pissoar

mingitorio

toalettpapper

papel higiénico

toalettborste

cepillo para el inodoro

tandborste

cepillo de dientes

tandkräm

dentífrico

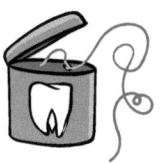

tandtråd

hilo dental

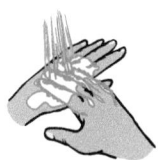

tvätta

lavar

handdusch

ducha de mano

intimdusch

ducha higiénica

handfat

palangana

ryggborste

cepillo para espalda

tvål

jabón

duschgel

gel de ducha

schampo

shampoo

trasa

toallita

avlopp

desagüe

crème

crema

deodorant

desodorante

spegel

espejo

handspegel

espejito

rakhyvel

maquinita de afeitar

raklödder

espuma de afeitar

rakvatten

aftershave

kam

peine

borste

cepillo

hårtork

secador de pelo

hårspray

spray

smink

maquillaje

läppstift

lápiz de labios

nagellack

esmalte para uñas

bomullsvadd

algodón

nagelsax

tijera para uñas

parfym

perfume

necessär

portacosméticos

pall

banqueta

våg

balanza

badrock

bata

gummihandskar

guantes de goma

tampong

tampón

binda

toallita femenina

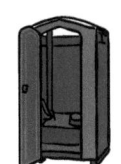

kemisk toalett

baño químico

barnrum

cuarto de los chicos

väckarklocka
despertador
gosedjur
peluche
leksaksbil
coche de juguete
skallra
sonajero
dockhus
casa de muñecas
present
regalo

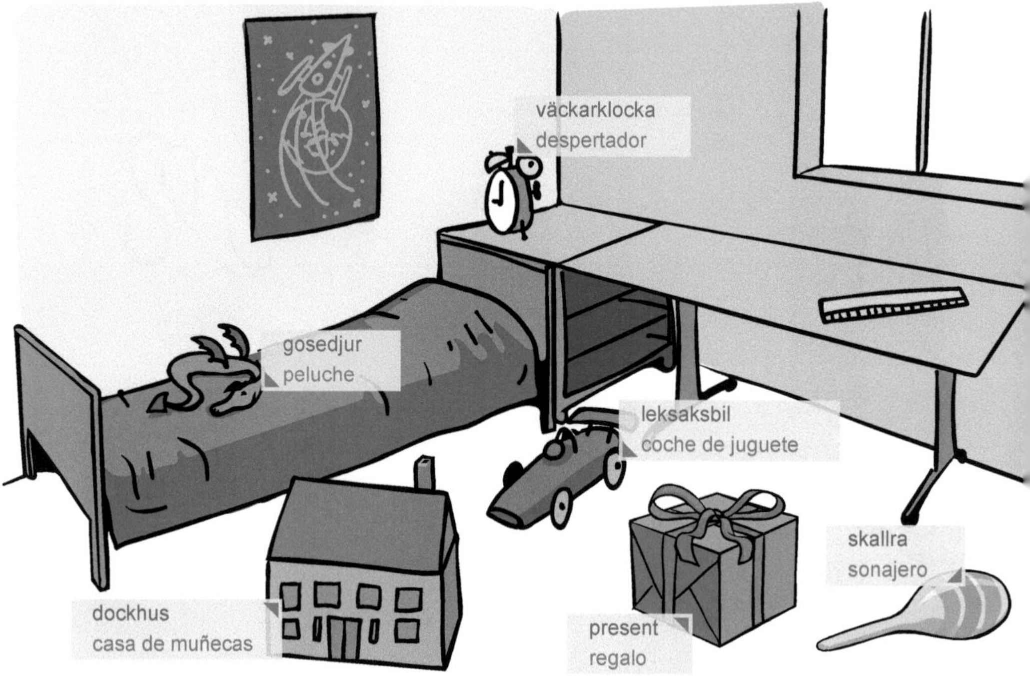

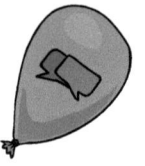

ballong

globo

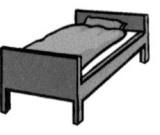

säng

cama

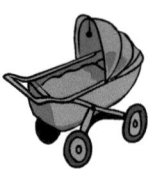

barnvagn

cochecito

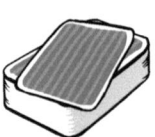

kortlek

cartas

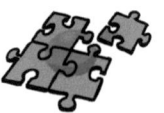

pussel

rompecabezas

SUPER
MEGA

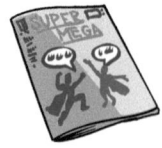

serietidning

historieta

legobitar

piezas de lego

klossar

ladrillos de juguete

actionfigur

figura de acción

sparkdräkt

enterito (de bebé)

frisbee

frisbee

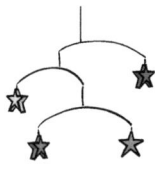

mobil

móvil para bebés

brädspel

juego de mesa

tärning

dados

modelljärnväg

tren eléctrico

napp

chupete

party

fiesta

bilderbok

libro de cuentos ilustrado

boll

pelota

docka

muñeca

spela

jugar

sandlåda

arenero

gunga

hamaca

leksaker

juguetes

spelkonsol

consola de videojuegos

trehjuling

triciclo

nalle

osito de peluche

garderob

armario

kläder

ropa

sockar

medias

strumpor

medias panty

tights

calzas

halsduk
bufanda

bälte
cinturón

paraply
paraguas

t-shirt
remera

sneakers
zapatillas

stövlar
botas

tofflor
pantuflas

sandaler
sandalias

skor
zapatos

gummistövlar
botas de goma

underbyxor
ropa interior

BH
corpiño

linne
chaleco

body

body

byxor

pantalones

jeans

jeans

kjol

pollera

blus

blusa

skjorta

camisa

pullover

pulóver

sweater

buzo

blazer

blazer

jacka

campera

kappa

tapado

regnjacka

piloto

dräkt

traje

klänning

vestido

bröllopsklänning

vestido de novia

kostym

traje

nattlinne

camisón

pyjamas

pijama

sari

sari

slöja

pañuelo para cabeza

turban

turbante

burka

burka

kaftan

caftán

abaya

abaya

baddräkt

traje de baño

badbyxor

short de baño

shorts

shorts

träningsoverall

jogging

förkläde

delantal

handskar

guantes

knapp

botón

glasögon

anteojos

armband

pulsera

halsband

collar

ring

anillo

örhänge

aro

mössa

gorra

galge

percha

hatt

sombrero

slips

corbata

dragkedja

cierre

hjälm

casco

hängslen

tiradores

skoluniform

uniforme escolar

uniform

uniforme

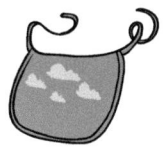

haklapp

babero

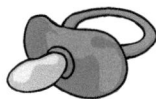

napp

chupete

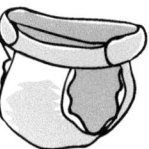

blöja

pañal

kontor
oficina

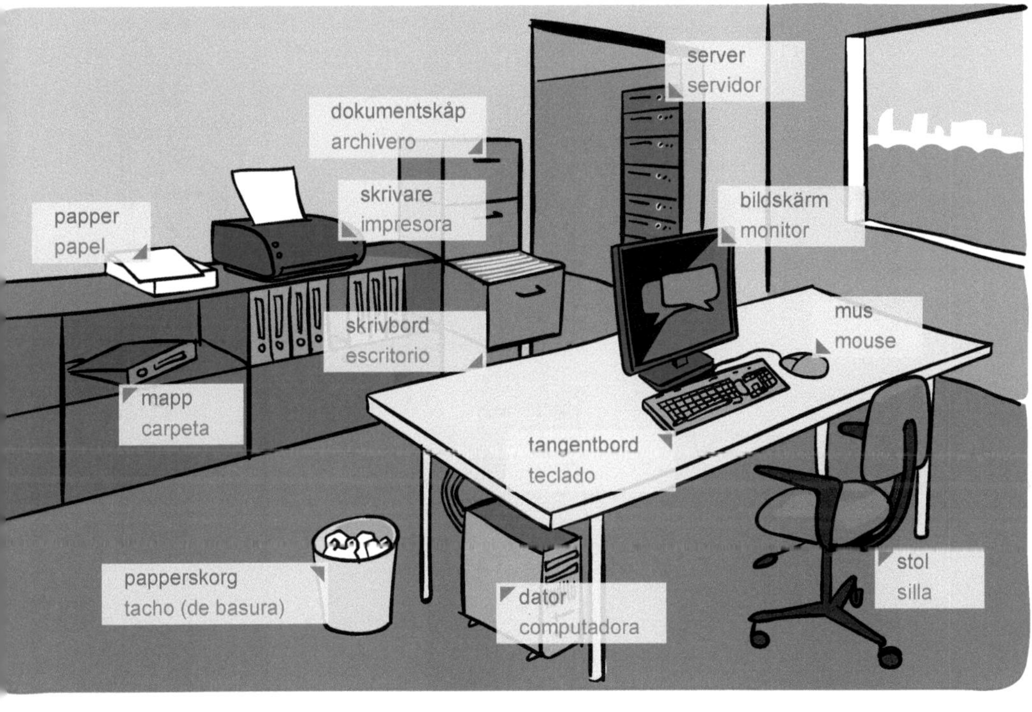
server
servidor
dokumentskåp
archivero
skrivare
impresora
papper
papel
bildskärm
monitor
mus
mouse
skrivbord
escritorio
mapp
carpeta
tangentbord
teclado
papperskorg
tacho (de basura)
dator
computadora
stol
silla

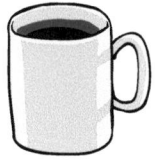

kaffemugg

taza de café

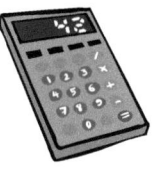

miniräknare

calculadora

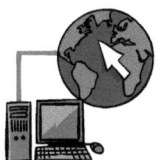

internet

internet

bärbar dator
laptop

brev
carta

meddelande
mensaje

mobiltelefon
celular

nätverk
red

kopieringsapparat
fotocopiadora

programvara
software

telefon
teléfono

vägguttag
tomacorriente

fax
fax

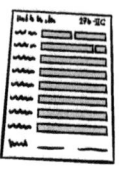

blankett
formulario

dokument
documento

köpa

comprar

betala

pagar

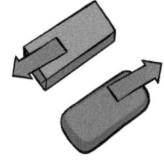

handla

hacer negocios

pengar

dinero

dollar

dólar

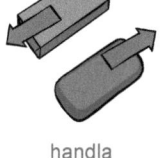

euro

euro

yen

yen

rubel

rublo

schweizisk franc

franco suizo

renminbi yan

yuan

rupie

rupia

bankomat

cajero automático

växelkontor

casa de cambio

guld

oro

silver

plata

olja

petróleo

energi

energía

pris

precio

kontrakt

contrato

skatt

impuesto

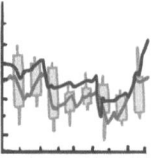

aktie

acción

arbeta

trabajar

anställd

empleado

arbetsgivare

empleador

fabrik

fábrica

affär

negocio

yrken
ocupaciones

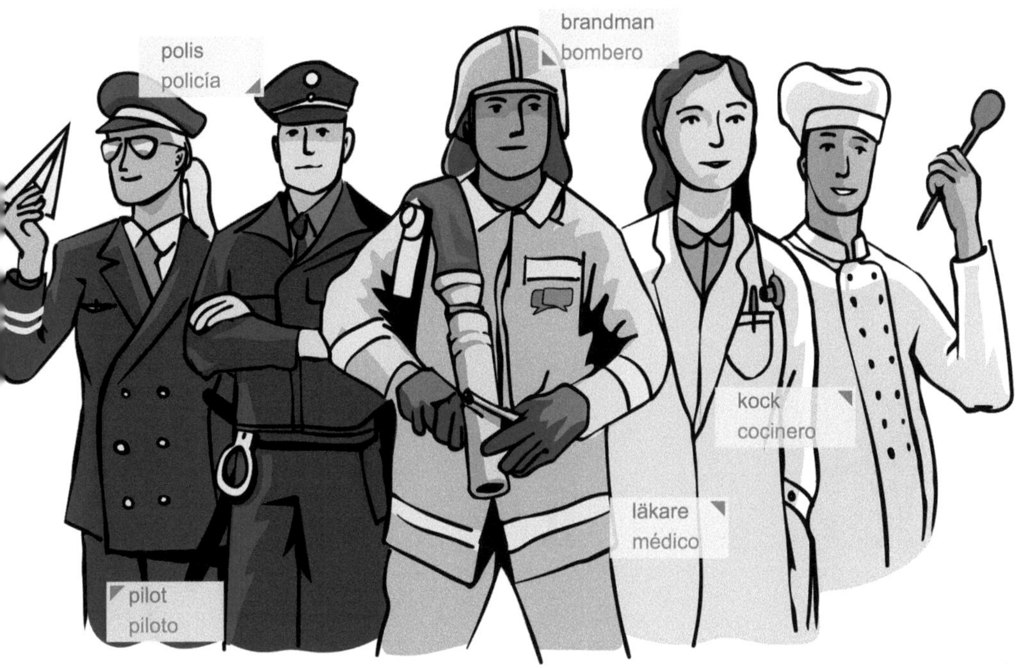
polis
policía
brandman
bombero
kock
cocinero
läkare
médico
pilot
piloto

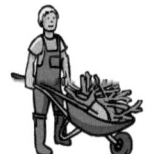

trädgårdsmästare
jardinero

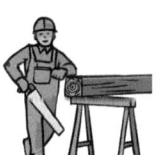

snickare
carpintero

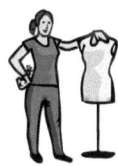

sömmerska
modista

domare
juez

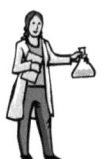

kemist
farmacéutico

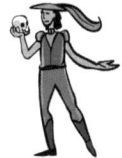

skådespelare
actor

busschaufför

colectivero

taxichaufför

taxista

fiskare

pescador

städerska

mucama

takläggare

techista

servitör

mozo

jägare

cazador

målare

pintor

bagare

panadero

elektriker

electricista

byggarbetare

albañil

ingenjör

ingeniero

slaktare

carnicero

rörmokare

plomero

brevbärare

cartero

soldat

soldado

arkitekt

arquitecto

kassör

cajero

florist

florista

frisör

peluquero

konduktör

cobrador

mekaniker

mecánico

kapten

capitán

tandläkare

dentista

vetenskapsman

científico

rabbin

rabino

imam

imán

munk

monje

präst

sacerdote

yrken - ocupaciones

verktyg
herramientas

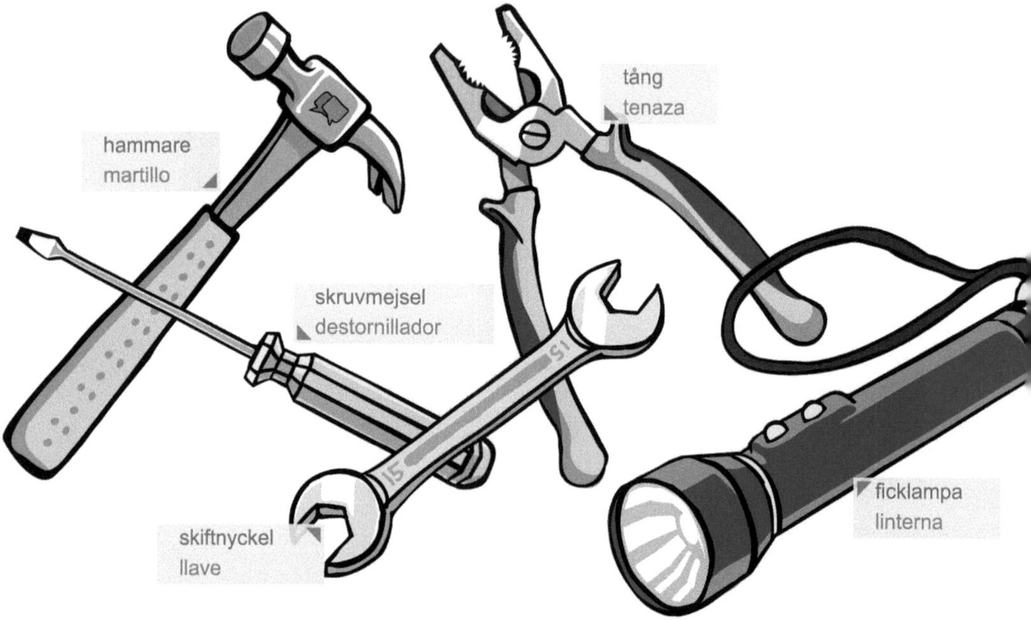
hammare
martillo
tång
tenaza
skruvmejsel
destornillador
skiftnyckel
llave
ficklampa
linterna

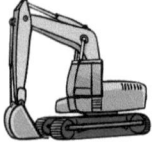

grävmaskin

excavadora

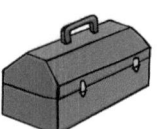

verktygslåda

caja de herramientas

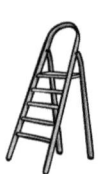

stege

escalera portátil

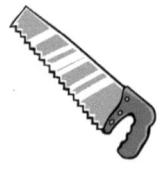

såg

sierra

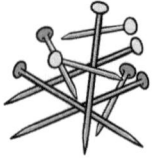

spik

clavos

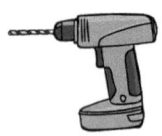

borr

taladro

reparera

arreglar

spade

pala de jardín

Helvete!

¡Qué bronca!

sopskyffel

pala de plástico

färgburk

tacho de pintura

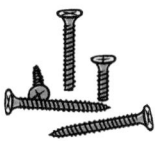

skruvar

tornillos

musikinstrument

instrumentos musicales

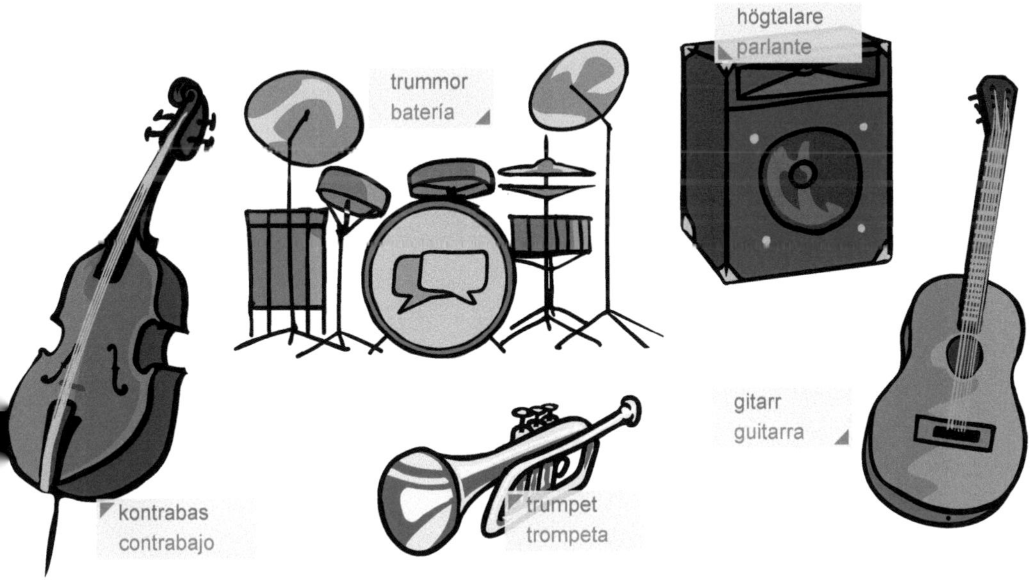

trummor
batería

högtalare
parlante

gitarr
guitarra

kontrabas
contrabajo

trumpet
trompeta

piano

piano

violin

violín

bas

bajo

timpani

timbales

trumma

tambor

keyboard

teclado

saxofon

saxofón

flöjt

flauta

mikrofon

micrófono

zoo
zoológico

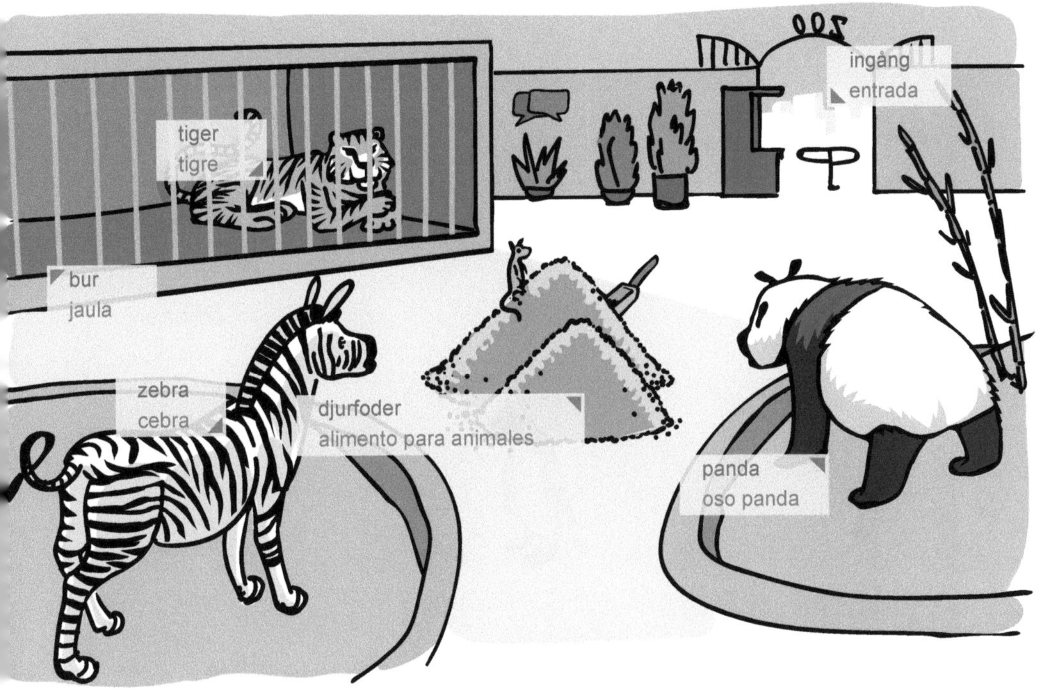

tiger
tigre
ingång
entrada
bur
jaula
zebra
cebra
djurfoder
alimento para animales
panda
oso panda

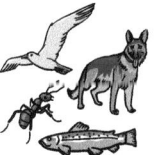

djur

animales

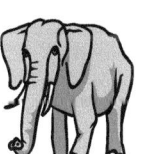

elefant

elefante

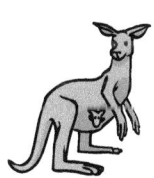

känguru

canguro

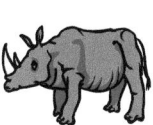

noshörning

rinoceronte

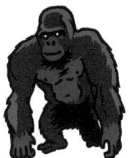

gorilla

gorila

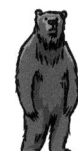

björn

oso

kamel

camello

struts

avestruz

lejon

león

apa

mono

flamingo

flamenco

papegoja

loro

isbjörn

oso polar

pingvin

pingüino

haj

tiburón

påfågel

pavo real

orm

serpiente

krokodil

cocodrilo

djurskötare

cuidador del zoológico

säl

foca

jaguar

jaguar

ponny

poni

leopard

leopardo

flodhäst

hipopótamo

giraff

jirafa

örn

águila

vildsvin

jabalí

fisk

pescado

sköldpadda

tortuga

valross

morsa

räv

zorro

gazell

gacela

zoo - zoológico

amerikansk fotboll
fútbol americano

cykling
ciclismo

tennis
tenis

basket
básquet

simning
natación

boxning
boxeo

ishockey
hockey sobre hielo

fotboll
fútbol

badminton
bádminton

friidrott
atletismo

handboll
handball

skidåkning
esquí

polo
polo

aktiviteter
actividades

hoppa
saltar
krama
abrazar
skratta
reír
gå
caminar
sjunga
cantar
drömma
soñar
be
rezar
kyssa
besar

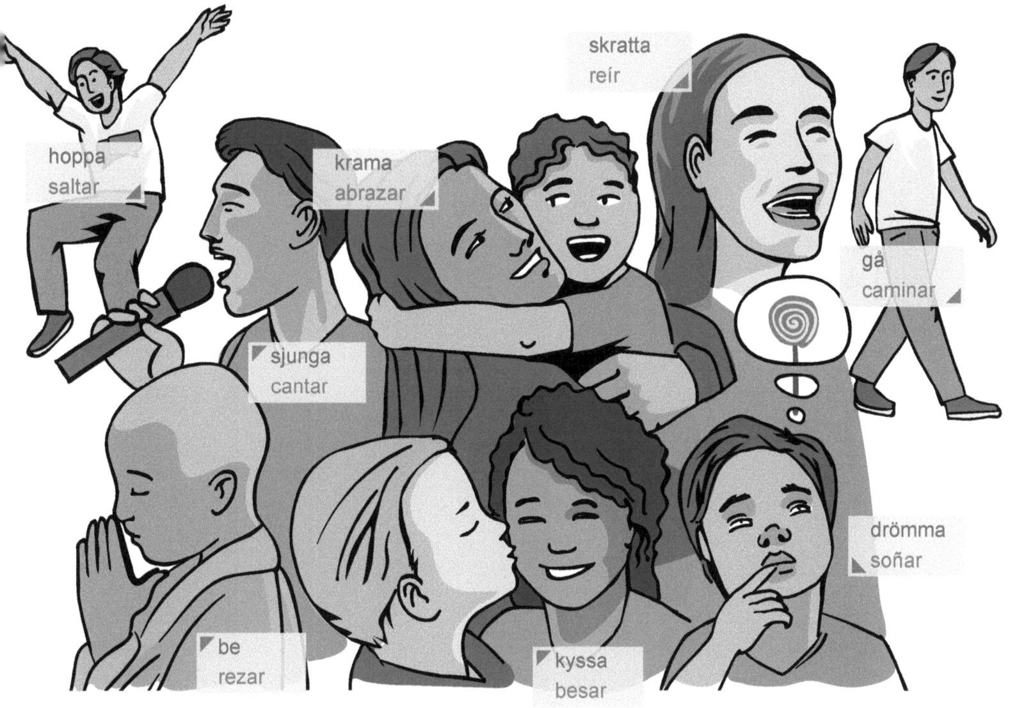

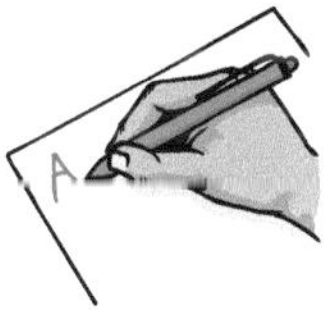

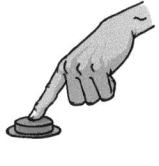

skriva
escribir

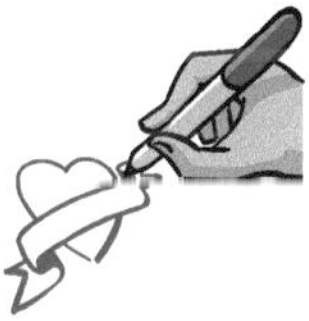

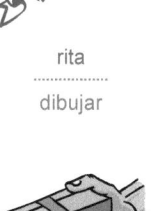

rita
dibujar

visa
mostrar

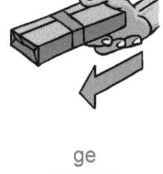

skjuta
presionar

ge
dar

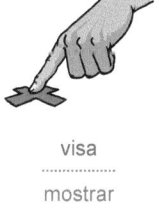

ta
tomar

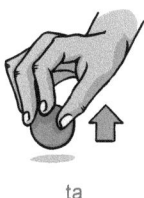

hagel

tener

göra

hacer

vara

ser

stå

estar parado

springa

correr

dra

tirar

kasta

tirar

falla

caer

ligga

estar acostado

vänta

esperar

bära

llevar

sitta

estar sentado

klä på

vestirse

sova

dormir

vakna

despertar

se på
mirar

gråta
llorar

smeka
acariciar

kamma
peinar

prata
hablar

förstå
entender

fråga
preguntar

höra
escuchar

dricka
beber

äta
comer

städa
ordenar

älska
amar

laga mat
cocinar

köra
manejar

flyga
volar

segla

navegar

räkna

calcular

läsa

leer

lära sig

aprender

arbeta

trabajar

gifta sig

casarse

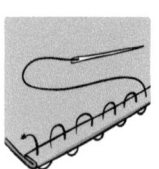

sy

coser

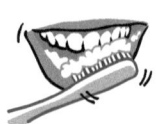

borsta tänderna

cepillarse los dientes

döda

matar

röka

fumar

skicka

enviar

familj
familia

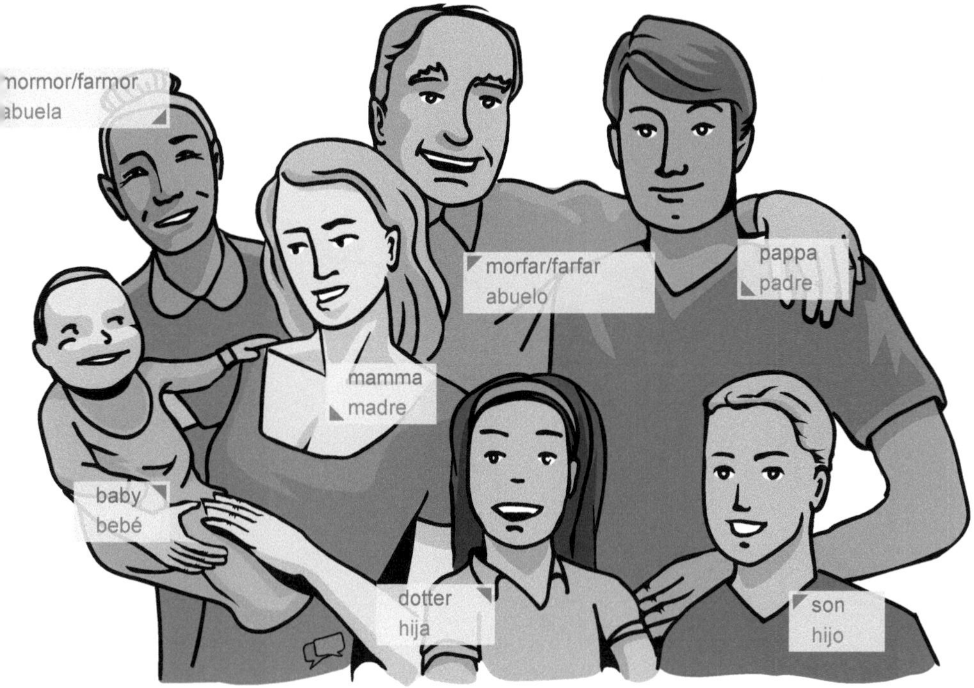

mormor/farmor
abuela
morfar/farfar
abuelo
pappa
padre
mamma
madre
baby
bebé
dotter
hija
son
hijo

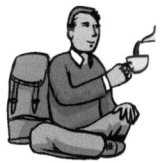

gäst

invitado

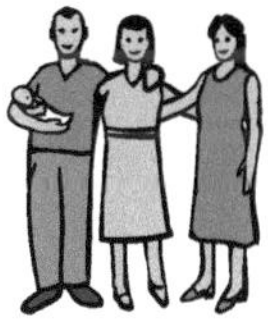

moster/faster

tía

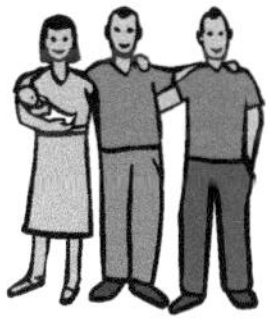

farbror/morbror

tío

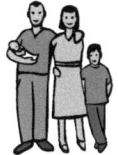

bror

hermano

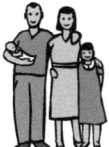

syster

hermana

kropp

cuerpo

panna
frente
öga
ojo
skuldra
hombro
finger
dedo
ansikte
cara
haka
pera
hand
mano
bröst
pecho
ben
pierna
arm
brazo

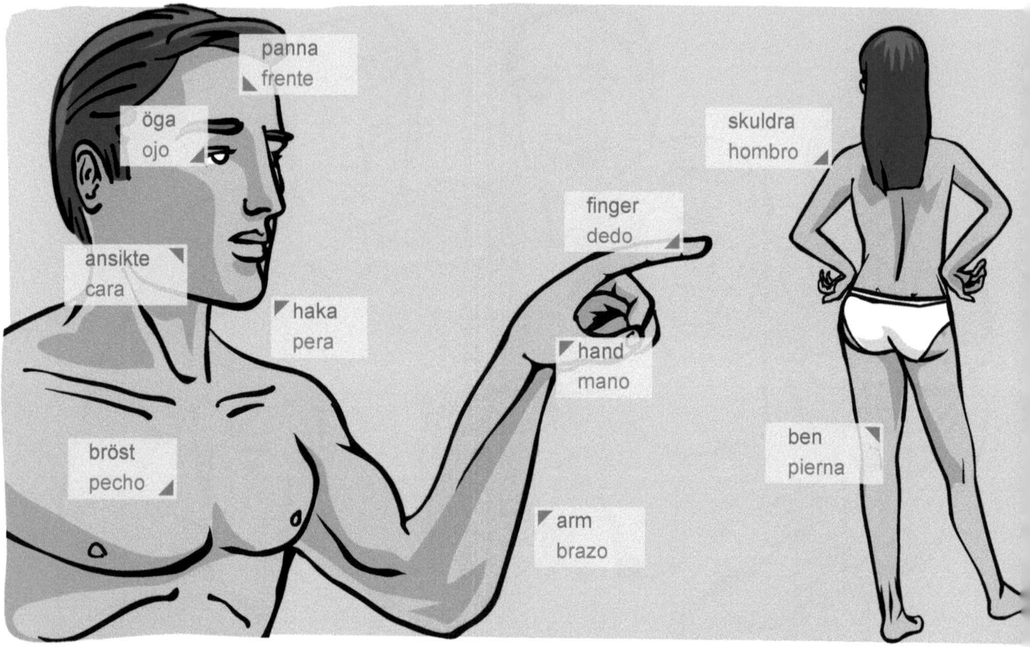

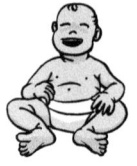

baby
bebé

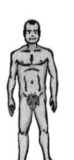

man
hombre

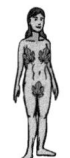

kvinna
mujer

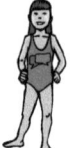

flicka
nena

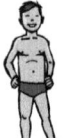

pojke
nene

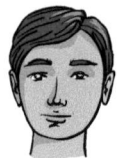

huvud
cabeza

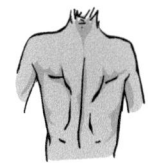

rygg

espalda

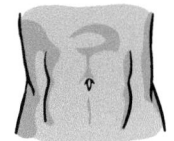

mage

panza

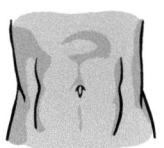

navel

ombligo

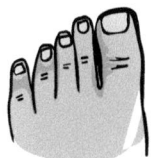

tå

dedo del pie

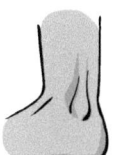

häl

talón

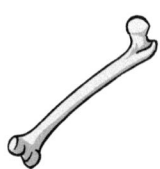

ben

hueso

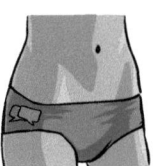

höft

cadera

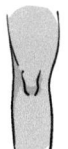

knä

rodilla

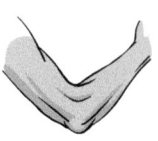

armbåge

codo

näsa

nariz

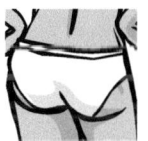

stjärt

cola

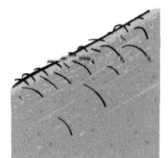

hud

piel

kind

cachete

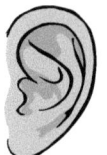

öra

oreja

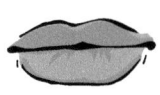

läpp

labio

mun

boca

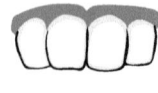

tand

diente

tunga

lengua

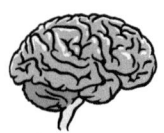

hjärna

cerebro

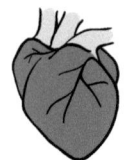

hjärta

corazón

muskel

músculo

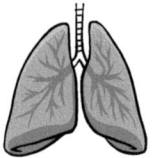

lunga

pulmón

lever

hígado

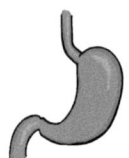

magsäck

estómago

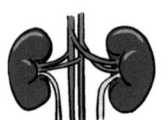

njurar

riñones

sex

sexo

kondom

preservativo

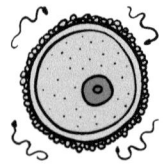

äggcell

óvulo

sperma

semen

graviditet

embarazo

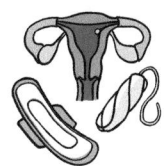

menstruation

menstruación

vagina

vagina

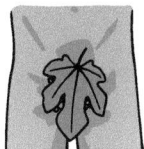

penis

pene

ögonbryn

ceja

hår

pelo

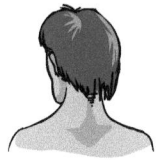

nacke

cuello

kropp - cuerpo

sjukhus
hospital

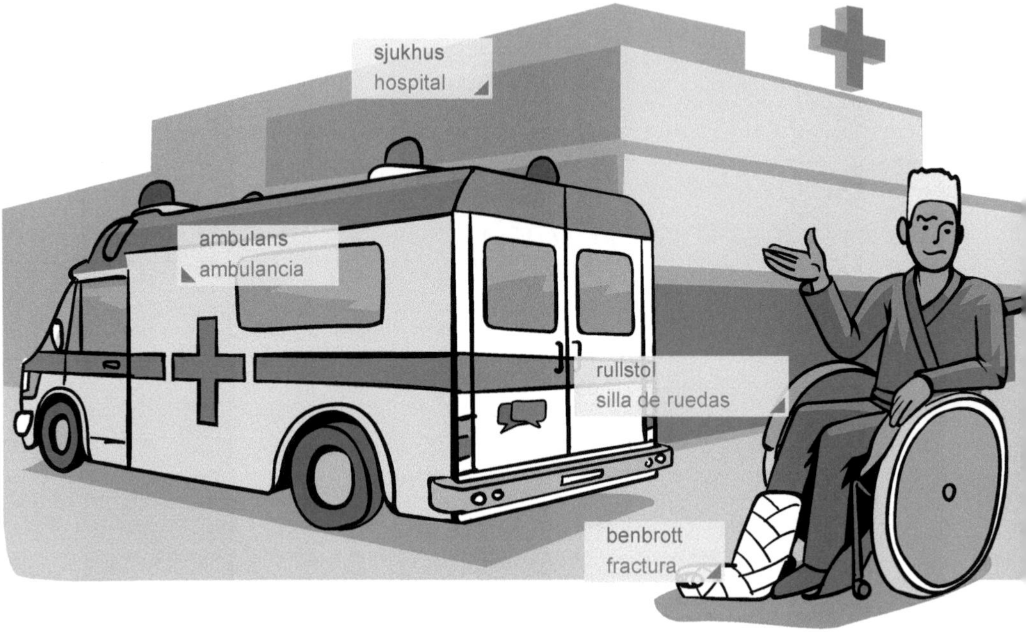

sjukhus
hospital
ambulans
ambulancia
rullstol
silla de ruedas
benbrott
fractura

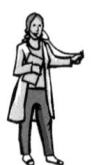

läkare

médico

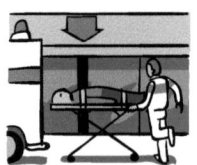

akutmottagning

sala de guardia

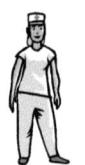

sjuksköterska

enfermera

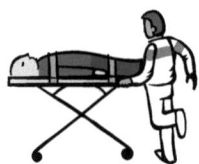

nödsituation

emergencia

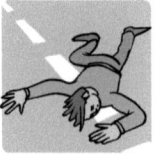

medvetslös

inconsciente

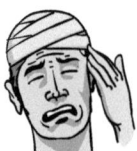

smärta

dolor

skada

lesión

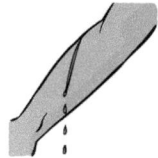

blödning

hemorragia

hjärtattack

infarto

slaganfall

ACV

allergi

alergia

hosta

tos

feber

fiebre

influensa

gripe

diarré

diarrea

huvudvärk

dolor de cabeza

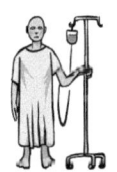

cancer

cáncer

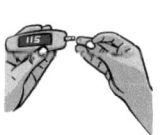

diabetes

diabetes

kirurg

cirujano

skalpell

bisturí

operation

operación

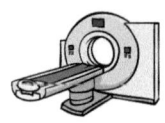

CT
TC

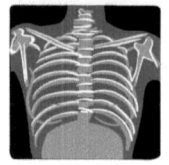

röntgen
rayos x

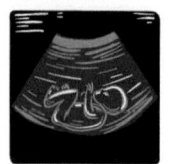

ultraljud
ecografía

ansiktsmask
barbijo

sjukdom
enfermedad

väntsal
sala de espera

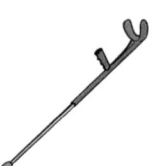

krycka
muleta

plåster
curita

bandage
venda

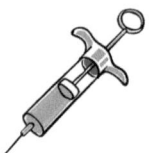

injektion
inyección

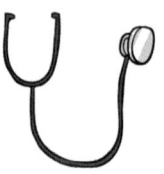

stetoskop
estetoscopio

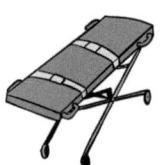

bår
camilla

termometer
termómetro

födsel
nacimiento

övervikt
sobrepeso

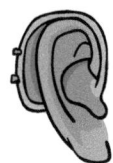

hörapparat

audífono

desinfektionsmedel

desinfectante

infektion

infección

virus

virus

HIV / AIDS

VIH / SIDA

medicin

remedio

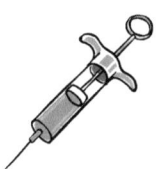

vaccination

vacunación

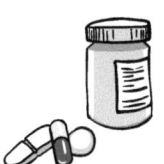

tabletter

comprimidos

p-piller

pastilla anticonceptiva

nödsamtal

llamada de emergencia

blodtrycksmätare

tensiómetro

sjuk / frisk

enfermo / sano

Hjälp!

¡Ayuda!

alarm

alarma

överfall

agresión

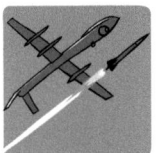

misshandel

ataque

fara

peligro

nödutgång

salida de emergencia

Det brinner!

¡Fuego!

brandsläckare

matafuego

olycka

accidente

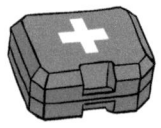

förbandslåda

botiquín de primeros auxilios

SOS

SOS

polis

policía

Europa

Europa

Nordamerika

América del Norte

Sydamerika

América del Sur

Afrika

África

Asien

Asia

Australien

Australia

Atlanten

Atlántico

Stilla Havet

Pacífico

Indiska Oceanen

Océano Índico

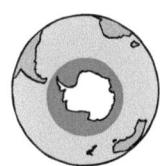

Antarktiska Oceanen

Océano Antártico

Arktiska Oceanen

Océano Ártico

Nordpol

polo norte

Sydpol

polo sur

Antarktis

Antártida

Jorden

Tierra

land

tierra

hav

mar

ö

isla

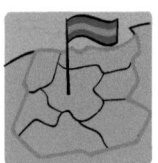

nation

nación

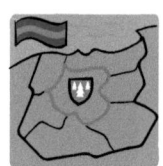

stat

estado

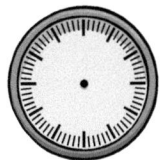

urtavla
esfera

timvisare
manecilla de las horas

minutvisare
minutero

sekundvisare
segundero

Vad är klockan?
¿Qué hora es?

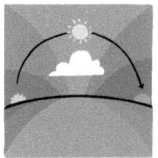

dag
día

tid
hora

nu
ahora

digital klocka
reloj digital

minut
minuto

timme
hora

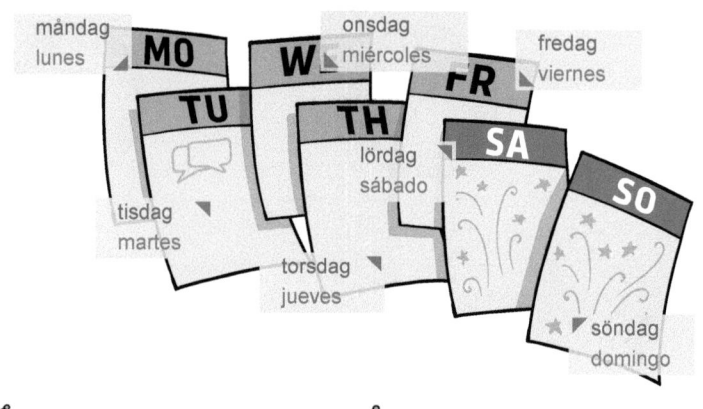

måndag / lunes — MO
onsdag / miércoles — W
fredag / viernes — FR
TU
TH
tisdag / martes
lördag / sábado — SA
torsdag / jueves
söndag / domingo — SO

igår
ayer

idag
hoy

imorgon
mañana

morgon
mañana

middag
mediodía

kväll
tarde

MO	TU	WE	TH	FR	SA	SU
1	2	3	4	5	6	7
8	9	10	11	12	13	14
15	16	17	18	19	20	21
22	23	24	25	26	27	28
29	30	31	1	2	3	4

vardagar
días hábiles

MO	TU	WE	TH	FR	SA	SU
1	2	3	4	5	6	7
8	9	10	11	12	13	14
15	16	17	18	19	20	21
22	23	24	25	26	27	28
29	30	31	1	2	3	4

helg
fin de semana

år

año

regnbåge
arco iris
regn
lluvia
snö
nieve
vind
viento
vår
primavera
höst
otoño
sommar
verano
vinter
invierno

4.APRIL 11°
5.APRIL 4°
6.APRIL 13°
7.APRIL 8°
8.APRIL 10°

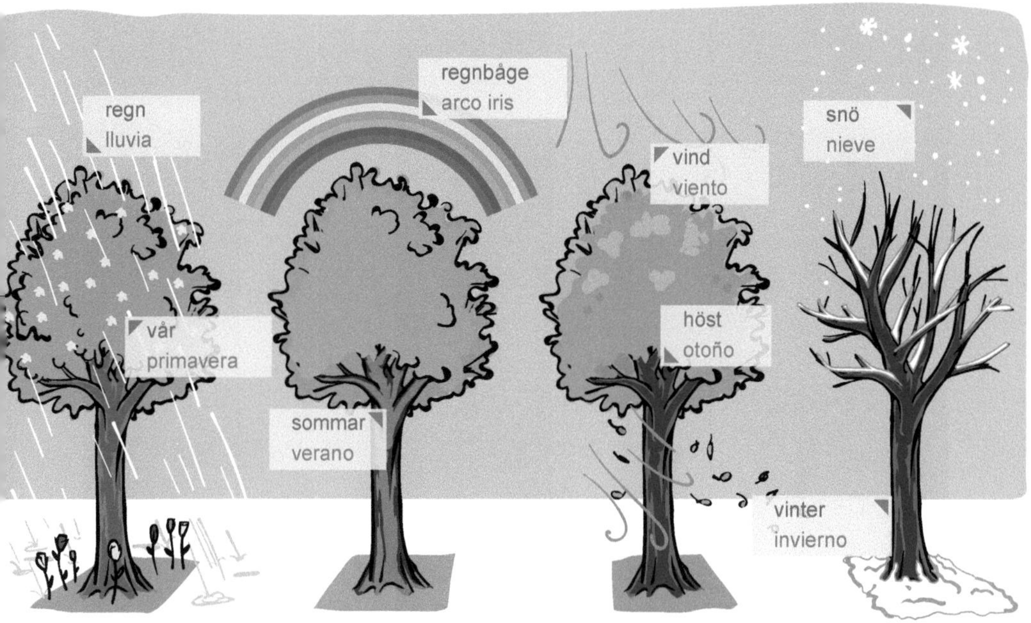

väderprognos

pronóstico meteorológico

F C
120 40
90 30
60 20
30 10
0 0
-30 -10
-20

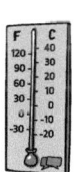

termometer

termómetro

solsken

luz del sol

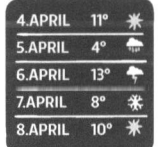

moln

nube

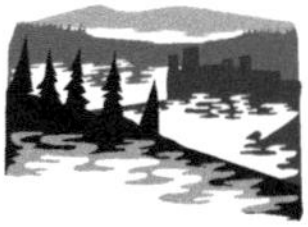

dimma

niebla

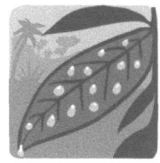

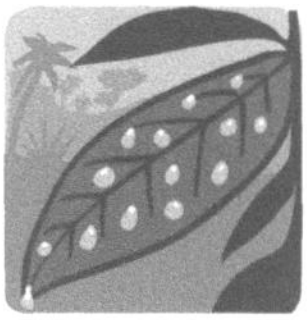

luftfuktighet

humedad

blixt

rayo

åska

trueno

storm

tormenta

hagel

granizo

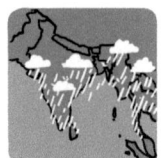

monsun

monzón

översvämning

inundación

is

hielo

januari

enero

februari

febrero

mars

marzo

april

abril

maj

mayo

juni

junio

juli

julio

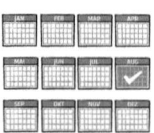

augusti

agosto

år - año

september
....
septiembre

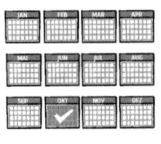

oktober
....
octubre

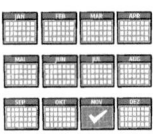

november
....
noviembre

december
....
diciembre

former
formas

cirkel
....
círculo

kvadrat
....
cuadrado

rektangel
....
rectángulo

triangel
....
triángulo

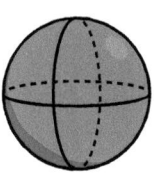

sfär
....
esfera

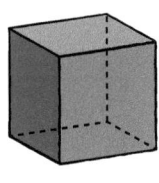

kub
....
cubo

färger
colores

vit
....
blanco

gul
....
amarillo

orange
....
naranja

rosa
....
rosa

röd
....
rojo

lila
....
violeta

blå
....
azul

grön
....
verde

brun
....
marrón

grå
....
gris

svart
....
negro

mycket / lite
mucho / poco

arg / lugn
enojado / tranquilo

vacker / ful
lindo / feo

början / slut
principio / fin

stor / liten
grande / chico

ljus / mörk
claro / oscuro

bror / syster
hermano / hermana

ren / smutsig
limpio / sucio

komplett / ofullständig
completo / incompleto

dag / natt
día / noche

död / levande
muerto / vivo

bred / smal
ancho / angosto

ätlig / oätlig

comestible / no comestible

ond / god

malo / amable

upphetsad / uttråkad

entusiasmado / aburrido

tjock / smal

gordo / flaco

först / sist

primero / último

vän / fiende

amigo / enemigo

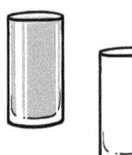

full / tom

lleno / vacío

hård / mjuk

duro / blando

tung / lätt

pesado / liviano

hunger / törst

hambre / sed

sjuk / frisk

enfermo / sano

olaglig / laglig

ilegal / legal

intelligent / dum

inteligente / estúpido

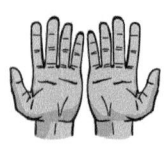

vänster / höger

izquierda / derecha

nära / långt bort

cerca / lejos

ny / begagnad

nuevo / usado

inget / något

nada / algo

gammal / ung

viejo / joven

på / av

encendido / apagado

öppen / stängd

abierto / cerrado

tyst / högljudd

silencioso / ruidoso

rik / fattig

rico / pobre

rätt / fel

correcto / incorrecto

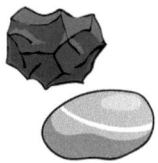

grov / slät

áspero / suave

ledsen / glad

triste / contento

kort / lång

corto / largo

långsam / snabb

lento / rápido

våt / torr

mojado / seco

varm / sval

caliente / frío

krig / fred

guerra / paz

números

0	**1**	**2**
noll	ett	två
cero	uno	dos

3	**4**	**5**
tre	fyra	fem
tres	cuatro	cinco

6	**7**	**8**
sex	sju	åtta
seis	siete	ocho

9	**10**	**11**
nio	tio	elva
nueve	diez	once

12

tolv

doce

13

tretton

trece

14

fjorton

catorce

15

femton

quince

16

sexton

dieciséis

17

sjutton

diecisiete

18

arton

dieciocho

19

nitton

diecinueve

20

tjugo

veinte

100

hundra

cien

1.000

tusen

mil

1.000.000

miljon

millón

engelska

inglés

amerikansk engelska

inglés americano

kinesisk mandarin

chino mandarín

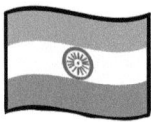

hindi

hindi

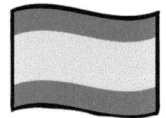

spanska

español

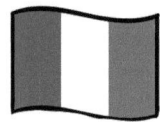

franska

francés

arabiska

árabe

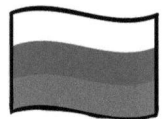

ryska

ruso

portugisiska

portugués

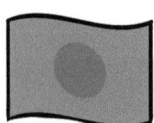

bengali

bengalí

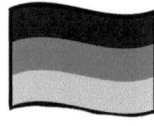

tyska

alemán

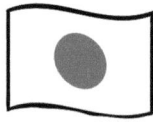

japanska

japonés

jag

yo

du

vos

han / hon / den (det)

él / ella

vi

nosotros

ni

ustedes

de

ellos

vem?

¿quién?

vad?

¿qué?

hur?

¿cómo?

var?

¿dónde?

när?

¿cuándo?

namn

nombre

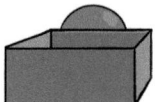

bakom

detrás

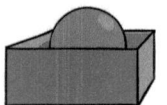

i

en

framför

adelante de

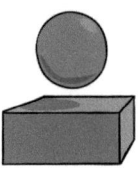

över

por encima de

på

sobre

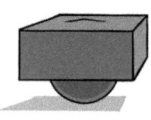

under

debajo de

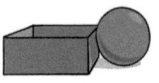

bredvid

al lado de

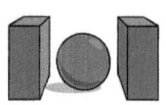

mellan

entre

plats

lugar